黄文彬

太极拳

精要

黄文彬

编著

中国铁道出版社有限公司
CHINA RAILWAY PUBLISHING HOUSE CO., LTD.

图书在版编目（CIP）数据

黄文彬太极拳精要 / 黄文彬编著. — 北京：中国铁道
出版社有限公司，2023.12
ISBN 978-7-113-30602-1

Ⅰ.①黄…　Ⅱ.①黄…　Ⅲ.①太极拳－基本知识
Ⅳ.①G852.11

中国国家版本馆CIP数据核字（2023）第192309号

书　　名：黄文彬太极拳精要
　　　　　HUANG WENBIN TAIJIQUAN JINGYAO
作　　者：黄文彬

责任编辑：巨　凤　编辑部电话：（010）83545974　电子邮箱：herozyda@foxmail.com
封面设计：宿　萌
责任校对：刘　畅
责任印制：赵星辰

出版发行：中国铁道出版社有限公司（100054，北京市西城区右安门西街8号）
印　　刷：天津嘉恒印务有限公司
版　　次：2023年12月第1版　2023年12月第1次印刷
开　　本：710 mm×1 000 mm　1/16　印张：8.5　字数：150千
书　　号：ISBN 978-7-113-30602-1
定　　价：59.00元

黄文彬

　　黄文彬，1965年出生，自幼学习家传形意拳、散手等武术，曾受到我国著名形意拳名家王继武先生及其子王连义先生的亲授，现为形意拳六代嫡系传人。20世纪80年代初开始习练太极拳，拜太极拳宗师李经梧、冯志强先生的入室弟子，中国武术八段左志强为师，后拜入中国武术九段、著名武术家张山先生门墙。在学武期间，曾受师爷李经梧先生的亲授，系统学习了传统陈式、吴式太极拳及其他各式太极拳竞赛套路、推手、器械及功法等。在老师们的精心培养和谆谆教诲下，全面系统掌握了太极拳主要流派的拳法理论和技术精髓，为形意拳、陈式太极拳、吴式太极拳嫡系传人。

　　现为中国武术协会会员，中国武术七段，"武林百杰"，国家一级武术裁判员、国家一级社会体育指导员，中国武术段位考评员、指导员，国家传统武术教练员，事迹被载入《当代武林英杰大典》《雪域武林英雄传》，并多次被《河北日报》《燕赵都市报》《北京铁道报》《秦皇岛日报》《秦皇岛晚报》和各大电视台、电台、网站等报道。入室弟子及从学者近万人，多人在国际和国内比赛中获奖。

　　2004年荣获河北省武术太极拳锦标赛暨全国武术太极拳锦标赛选拔赛吴式太极拳竞赛套路冠军、传统陈式太极拳季军。

作者功夫照

2007 年荣获国际传统武术邀请赛暨第 24 届武术散打、武术推手锦标赛 60 公斤级推手亚军。

2007 年荣获武当武术战略研讨会精英表演赛太极拳金奖。

2008 年荣获河北省武术太极拳(器械)锦标赛：陈式太极拳竞赛套路冠军、吴式太极拳竞赛套路冠军。

2008 年汶川地震为灾区赈灾进行太极拳义演募捐。

2008—2009 年担任秦皇岛市武术比赛太极拳裁判，被评为"优秀裁判员"。

2011 年荣获河北省武术太极拳(器械)锦标赛陈式太极拳规定套路冠军、陈式太极拳传统套路一等奖、太极剑亚军。

2012 年荣获第五届世界传统武术锦标赛太极拳亚军。

2012 年荣获"燕赵武豪"称号。

2013 年荣获辽宁省传统武术比赛太极拳冠军、太极刀冠军。

2013 年荣获首届中国(泰山)国际传统武术节太极拳冠军、太极剑冠军。

2013 年荣获中国武术段位考评员、指导员资格证。

2013 年荣获第二届武当国际演武大会名家表演太极拳金奖。

2013 年荣获"武林百杰"荣誉称号。

2013 年荣获"最佳教练员"荣誉称号。

2013 年荣获中国·丽江首届国际民间传统武术文化节太极拳冠军、太极推手季军。

2013 年中国·丽江首届国际民间传统武术文化节，获得"中青年武术大师"荣誉称号。

2014 年"善行河北，大爱港城"2013 公益志愿者工作总结会，为志愿者进行太极拳义演。

2014年荣获第五届世界太极拳健康大会：传统太极拳铜牌，太极刀银牌。

2015年参加福建省邵武全国传统武术教练员培训，获得全国传统武术教练员资格认证。

2015年荣获全国传统武术比赛：太极拳铜牌，太极刀银牌。

2015年荣获第五届北京国际武术文化交流大会：太极拳金牌，太极刀银牌。

2015年荣获第八届中国焦作国际太极拳交流大会：太极拳铜牌，太极刀金牌。

2016年荣获首届中国徐州国际武术大赛：太极拳冠军，太极刀亚军。

2016年荣获全国太极拳公开赛（四平站）：太极拳冠军，太极剑亚军。

2016年荣获全国太极拳公开赛（安龙站）：太极拳亚军，太极剑季军。

2017年荣获黄山论剑国际武术大赛：吴式太极拳亚军，吴式太极刀冠军。

2017年担任《二十八式综合太极拳》图书编委，并特邀为二十八式太极拳专业教练员。

2017年参加中国武术协会国家武术管理中心的国考，晋升为中国武术七段。

2018年全国太极拳邀请赛（山西晋城）担任裁判员工作。

2018年应邀参加四川省太极拳锦标赛颁奖仪式（四川崇州）；西武当太极宫揭牌仪式；在首届道家功法养生交流会上，作为特邀嘉宾进行太极拳展示及养生文化交流活动。

2018年荣获国家一级武术裁判员称号（由中国武术协会评定）。

2019年被中华武术弹腿联盟总会聘请为中华武术弹腿联盟总会副会长。

2019年被湖北省武术协会、丹江口市人民政府、武当山武当拳法研究会、《武当》杂志社，授予"尚武名师荣誉"称号。

2020年，积极响应北京市武术运动协会《关于运用传统武术居家科学健身的倡议》，录制武术健身短视频；积极参与二十八式综合太极拳公益教学活动。

2021年在《武魂》杂志社、《武当》杂志社、《二十八式综合太极拳》编委会等单位评选中，荣获二十八式综合太极拳"优秀教练员奖"。

2021年参与国家新编《二十八式综合太极剑》的创编工作。

此外，先后在《中华武术》《武当》《少林与太极》《武魂》等杂志发表各类论文数十篇。

作者功夫照（一）

作者功夫照（二）

作者功夫照（三）

作者（左）与太极拳宗师李经梧先生（中）　　作者（左）与太极拳宗师冯志强先生（中）

作者（左）与张山先生　　　　　　　　作者（右）与昌沧先生

国际留学生太极拳文化交流学习

作者功夫照

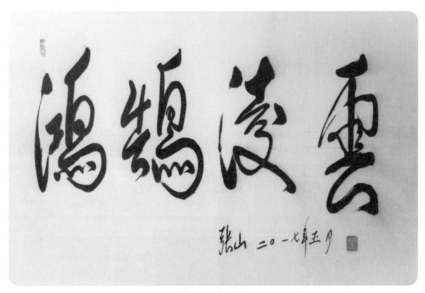

张山为作者题词

·作者所获荣誉·

推荐序

太极拳是中华武术的主要拳种之一，是中华民族优秀的传统文化，是国家级非物质文化遗产。它是以中国传统的儒、道哲理中的太极、阴阳辩证理念为核心思想，集颐养性情、强身健体、技击对抗等多种功能为一体的传统拳术，在国内外具有超高的人气，越来越受到世界各国人民的欢迎。据不完全统计，全国习练太极拳的人数约四千万，全世界习练太极拳的人数超过两亿。太极拳运动，为增进人们的健康发挥着越来越大的作用。

黄文彬同志出身武术世家，自幼酷爱武术，是冯志强先生的入室再传弟子，现为中国武术七段、中国武术段位考评员、国家一级社会体育指导员。多年来，在诸多武术名师的关心指导下，对形意拳及陈式、吴式太极拳有较深的体悟和扎实的功底。

黄文彬参加了第五届世界传统武术锦标赛、第五届世界太极拳健康大会、首届中国徐州国际武术大赛等大型国际比赛，并多次参加河北省太极拳锦标赛，均取得了前两名的优异成绩。他在参加一些重要比赛之外，还经常无偿义务教学，为太极拳运动的普及与发展作出了贡献。

为使更多人参加太极拳锻炼，黄文彬同志将自己多年来的教学和练功体会，精心编写了这本简易的吴式太极拳、械谱及套路一书，便于初学者习练掌握。

对新书的出版，表示衷心祝贺！我相信，此书一定会成为广大太极拳爱好者的良师益友。

中国武术九段，国家体育总局武术研究院专家委员会主任　张　山

2023 年 9 月

目　录

第一篇

吴式太极拳

一、吴式太极拳的渊源

吴式太极拳是以柔化为主的一种紧凑、大小适中的传统拳术，属于太极拳的主要流派之一，是从杨式太极拳的小架拳式基础上逐步修订发展创新的，动作轻松自然、连续不断，拳式小巧灵活。拳架开展而紧凑，紧凑而不显拘谨。推手动作严密、细腻，守静而不妄动，亦以柔化见长。吴式太极拳传统老架共 108 式，不仅在中国盛行，而且在美国和东南亚地区也颇为盛行。

二、吴式太极拳的传承

吴式太极拳创始人吴全佑（1834—1902），满族。全佑与万春、凌山三人先师从杨露禅，后遵师命拜杨露禅之子杨班侯为师，拳艺仍由杨露禅传授。先学杨露禅的大架，后又学杨班侯初改的小架，互相吸收融合，经数十年的融合和发展，使拳架更加规范，连绵不断，更符合太极拳阴阳理论，特点更加明显，传至其子吴鉴泉时，已自成一派（吴式），创建了吴式太极拳，传遍大江南北。吴全佑传弟子有王茂斋、吴鉴泉等。

第二世

吴鉴泉（1870—1942）

本名乌佳哈拉·爱绅，满族，河北大兴（今北京大兴）人。他自幼跟父亲（吴全佑）学习小架太极拳。在父亲教导下，他对太极拳苦心钻研，增益修订，造诣日益精深。他对家传的太极拳加以充实和修改，去掉重复和跳跃动作，使拳架更加柔化，形成开展而紧凑，在紧凑中又舒展自如的吴式太极拳流派。他对太极拳推手做了改进。他的吴式太极推手别具一格，要求立身中正安静，细腻绵柔，宁静而不妄动，不仅手法严密，而且招数特别多。他不仅精于太极拳，对各种器械，如太极剑、太极对剑、太极刀、太极十三枪等也非常精熟。1933年创设鉴泉太极拳社，教授了一批又一批的学生，门人遍布海内外。

王茂斋（1862—1940）

原名王有林，字茂斋，山东掖县（今莱州市）大武官村人，吴式太极拳始祖吴全佑的弟子，是吴式太极拳的奠基人之一和20世纪30年代北方太极拳掌门。少时在北京的砖瓦灰铺学徒，从学于全佑，重孔孟之道，忠孝仗义，尊师重道，德高望重，在师兄弟中居长，极用功。他的功夫扎实稳固，身手非凡，练就了包括拿法、闭户、点穴和卸骨等在内的独特的吴式太极打法。自从吴鉴泉、杨澄甫南下以后，他留在北平（今北京）传拳，授业众多，弟子中人才辈出，成为北方吴式太极拳最具影响的代表人物，有"南吴北王"之称。他的弟子门人遍及北平、山东、东北各地。至今北京的吴式太极拳传人大都出其门下，形成强大的体系。他曾创办北平太庙太极拳研究会，此研究会是当时太极拳高手云集之处。王茂斋宗师桃李遍天下，其中佼佼者有王子英、杨禹廷、赵铁庵等。

第三世

王子英（1902—1967）

王茂斋次子。他的兄弟皆早逝，他独得家传绝技。少年时即得武林名师传授，习武有成。他身壮力大，后随父学太极拳更是如虎添翼，推手功夫极高，与人接手不以力胜，纯以意、气、神、形的变化，常使对方有泰山压顶之感而又对其力点捉摸不定。从20世纪40年代至60年代末，在当时全国推手圈中，他的技术属一流。

赵铁庵（生卒年不详）

清光绪年间生人，为吴式太极拳"南吴北王"吴鉴泉、王茂斋两位宗师的入室弟子，也是顶门高足。他精于推手，技艺一流，为习武终生未娶，终成炉火纯青之功夫，尽得吴式太极拳奥妙。传徒不多，有李经梧、孙枫秋诸人从学求教。

杨禹廷（1887—1982）

名瑞霖，祖籍北京。太极拳一代宗师，为人忠厚，品艺俱佳，武德高尚。他幼时体弱多病，家境贫穷，借习武以强身祛病。他十岁起开始习武，刻苦用功，奋进不息，先后从周相臣、赵月山、田风云、高克兴（子明）等武术名师习练十路、十二路弹腿，长拳、黑虎拳、形意拳、八卦掌、太极拳和器械等。1916—1941年间，他从王茂斋先师精习太极拳，又得吴鉴泉先师指教，每一招式都按规范演练，研究来龙去脉，找出正确的感觉，以至日臻化境。他将前辈的武术瑰宝无私地传给后人，通过不断总结和升华，率先把太极拳推上科学化和规范化的道路，形成了自己独特的风格。他于1924年编写《太极拳教学讲义》，1960年出版《太极拳动作解说》一书，1990年经李秉慈、翁福麒扩编成《杨禹廷太极拳械系列秘要集锦》和《吴式太极拳械述真》。亲传弟子有李秉慈、李经梧、孙枫秋等。

第四世

李经梧（1912—1997）

祖籍山东掖县（今莱州市）。14 岁至哈尔滨谋生，因居处简陋，难御风寒，致患风湿病，延医无效，转而习武与疾病抗争，遂与武术结缘。17 岁，他在哈尔滨拜刘子源先生为师，习迷踪拳（亦称"秘踪拳"燕青拳），十度寒暑，晨昏不辍，顽疾逐渐痊愈。27 岁，他拜赵铁庵为师习练吴式太极拳拳技与推手。20 世纪 30 年代，他任北京太庙（现劳动人民文化宫）太极拳研究会理事。他每日早晨到太庙练拳，又得到拳师杨禹廷先生的指点传授，赵铁庵谢世后，又拜在杨禹廷先生门下学习拳技与武德。同时，他获以推手见长的师叔王子英指点太极推手，在师父和师叔的指导下，打下了较为深厚的太极拳基础。20 世纪 40 年代初，他再拜陈式太极拳十七代传人陈发科先生为师，习练陈式太极拳和陈式推手，深得陈师厚爱，口传心授，历十数载，直至 1957 年陈师仙逝而止。20 世纪 50 年代，他为普及太极拳，以杨式为基础整理出"八十八式"太极拳和"二十四式"简化太极拳，特邀拍摄了第一部太极拳科教片。1956 年，他在北京市和全国性两次太极拳赛事中夺魁，先后在铁道部、北京铁道学院（今北京交通大学）、中国科学院、卫生部、北京市体校等单位任太极拳教练。他曾出任过北京市武术运动会总裁判和全国武术裁判，为太极拳推广和发展发挥了重要作用。20 世纪 60 年代初，他又研习了孙式太极拳的手法和劲路，汇四家之长于一身。他的主要著作：与李剑华、李天骥、唐豪、顾留馨、陈照奎等同志共同编写了《陈氏太极拳》一书，口述由学生张天戈整理的《太极拳内功》一书，主要论文《对太极拳缠丝劲等问题的体会》等。亲传弟子有左志强、梅墨生等七十余人。

第五世

左志强

　　1941年出生于河北唐山，为太极宗师李经梧、冯志强的入室弟子，陈式太极拳十一世十九代传人，吴式太极拳第五代传人，心意拳第七代传人，八卦掌第四代传人；秦皇岛武当拳法研究会名誉会长，秦皇岛市武协委员，北京陈式太极拳法研究会和吴式太极拳法研究会会员。1949年，他拜北京著名拳师"活猴"丁连堂学形意拳，历时6载，打下了扎实的武术功底，也与武术结下了不解之缘。1968年，他拜八卦掌第三代传人王巨章习仙衣八卦掌。1982年，他拜陈式第十八代、吴式第四代正宗传人，当代太极宗师李经梧为师，追随恩师15年，习练陈式太极拳、吴式太极拳、太极剑、太极刀传统套路及太极内功。他一生习武，为人正直慷慨，心胸坦荡，与人合著《内家功法揭秘》一书，为太极拳推广传承不辞辛劳，贡献突出。亲传弟子有黄文彬等近千人。

一、身心安静

练习吴式太极拳首先要求身心安静，就是思想高度集中，排除各种杂念。人们生活在当下社会，思维方式变得非常复杂，要使人的思想意识集中起来，实属不易。通过教学的经验，在练拳过程中，手、眼、身、步动作的规范性，是行之有效的排除杂念的方法之一。用这种方法指导练拳，久而久之便能使思想、意念自然地集中起来，达到《太极拳论》所讲"由招熟而渐悟懂劲，由懂劲而阶及神明"的高级境界。

身心安静的标准是呼吸平稳深长，动作轻灵贯穿，身心舒展。呼吸深长才能达到气沉丹田的效果，是身静、心静、意静，只有练好这三个"静"，才能达到习练吴式拳的高级境界。

二、轻灵柔和

吴式太极拳的"轻"，也可以作为"柔"来解释，《十三势行功心解》所讲："极柔软然后而极坚刚。"轻灵柔和而不是松懈，松懈和用力是练习吴式太

极拳的大忌，吴式太极拳要求，击出之拳都不是伸直和紧握的，之所谓"太极劲"是"是松非松，将展未展"，拳虽握，但不能握得太紧，要留一些空隙，掌不能平直，拳心掌心微微内含；踢腿或提膝都要微曲，不能伸直，步伐要轻灵，之所谓"迈步如猫行"，即轻灵的表现。

三、缓慢均匀

练习吴式太极拳要求缓慢均匀，慢而不是僵滞，整套拳的动作要求连绵不断，节节贯穿，而不是一个拳式动作完成后停滞在那里。

四、精益求精

练习吴式太极拳过程中，要切切实实地下功夫，不可草率行事，无论哪个拳式都要动作准确，就如古人所讲"如切、如磋、如琢、如磨"，只有这样精益求精练习，做到"切磋琢磨"，就会有较快的进步。

五、持之以恒

要做到持之以恒，无论严寒酷暑都不能间断，要定时定量，根据练习者的体质和时间做好相应的练习，只有这样才能达到良好的健身效果。

一、虚领顶劲（即顶头悬）

正如《十三势行功心解》所讲："精神能提得起，则无迟重之虞，所谓顶头悬也。"练拳时头部要正直但不能用力，下颚微微内收但不能僵硬，颈部要灵活即为虚领顶劲。

二、含胸拔背

含是微微内收之意，含胸是双肩微微内合。含胸不是挺胸，挺胸是练拳的大忌。拔是上提之意，拔背是脊背向上微微提起，使脊柱垂直。

三、松肩沉肘

肩松则肘自然下垂，肩不松则胸紧。沉肘是肘尖对膝、对地，肘不沉则力不长，对两肋没有保护作用。

四、闾尾中正

闾尾中正和头顶悬是相辅相成的，由上而下形成一条线，头顶悬做好了，脊柱自然正直，就如《十三势歌》所讲："尾闾中正神灌顶，满身轻利顶头悬。"

五、气沉丹田

人体纳气之所称为丹田。丹田位于腹部（脐下三指），练拳时，呼吸深长到丹田，精神自然能提得起，而后能达到以气运身的作用。

六、松腰敛臀

练拳时要以腰为主宰，故称之为"命意源头在腰隙"。松腰是指练拳当中腰部要松活，运劲要轻灵，内气要下沉。敛臀是指臀部不要外翘，拳式做得正确，可以达到气不外泄。

1 活动腕关节

训练两手。十指在胸前交叉，周身放松，由左向右匀速旋转，做两个八拍。

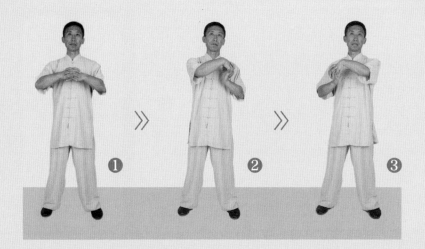

① ② ③

2 活动肘关节

双掌捧于腹前，从右向左做旋转运动，左右各八拍。

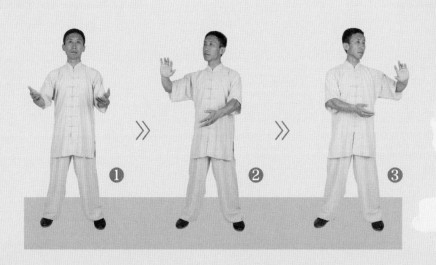

① ② ③

3 活动肩关节

双肩由前向后及反向做旋转运动，做两个八拍。

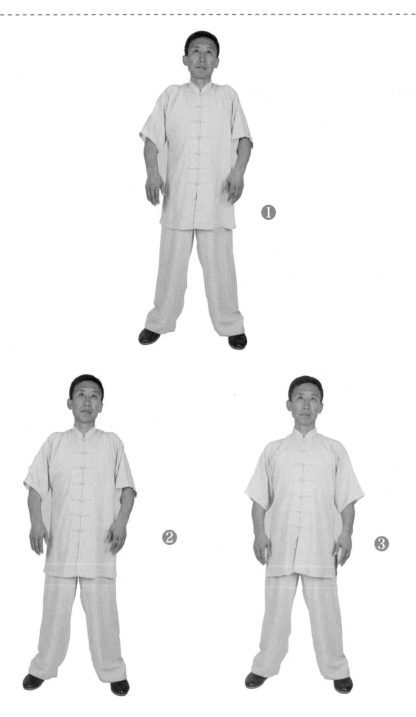

❶

❷

❸

4 单手抡臂

手臂由前向后做立圆运动，左右各八拍。

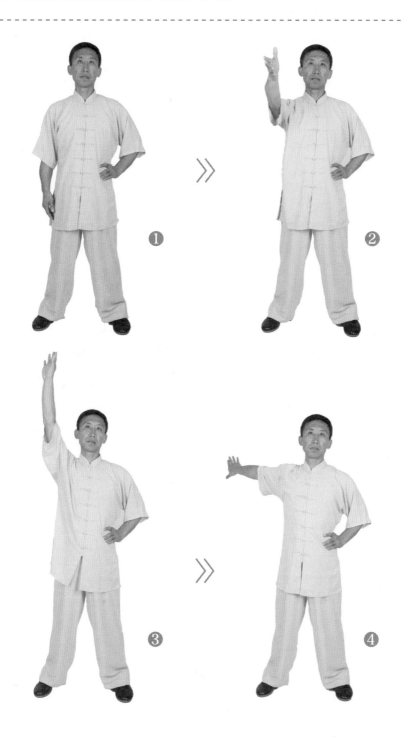

5 扩胸

双掌提至胸前，掌心向下，由胸前向前伸出，两臂外展呈一字形，两个各八拍。

6 提臂转腰

双手上提，腰部左右旋转，各八拍。

7 活动腰胯

双掌叉腰，腰胯做左右旋转运动，各八拍。

❶

❷

8 活动膝关节

身体屈蹲，双掌扶膝，左右做旋转运动，各八拍。

①

②

9 下腰

十指交叉，翻掌托至头顶，弯腰至脚前，双手抱于小腿后侧，面部贴于小腿前，八拍。

10 活动踝关节

双手叉腰，虚步，脚尖点地，左右旋转，各八拍。

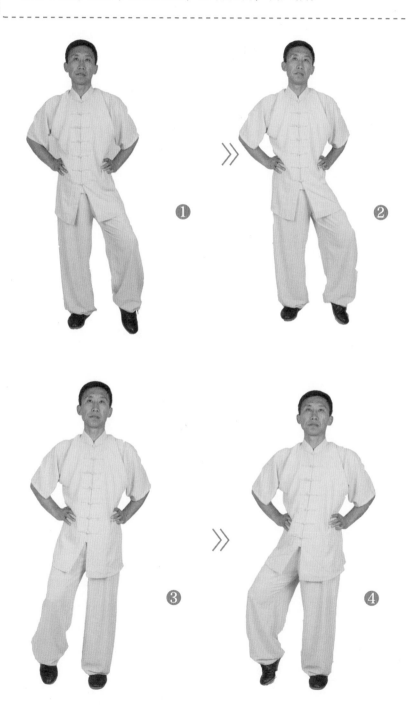

❶　　❷

❸　　❹

11 弓步压腿

双手按于大腿上，呈弓步，缓缓下压，各八拍。

❶

❷

12 扑步压腿

一掌置于头部上方，一掌横端于胸前，蹲成扑步状，由上向下微微抻拉，左右各八拍。

❶

❷

13 提膝摆胯

双手叉腰，膝关节上提至腹部，由内向外摆动，左右各八拍。

① ②

③ ④

14 正踢腿

双掌外撑呈一字形，迈步向前踢出，脚尖内勾至额头，左右各八拍。

15 侧踢腿

一掌上托至头上方，另一掌横端于胸前，迈步向前侧身踢出，高至头部，
左右各八拍。

❶   ❷

❸   ❹

一、浑元桩

站桩需遵守的"四容五要"原则，"四容"即：头直、目正、神庄、气（声）静；"五要"即：恭、慎、意、切、和。恭者神不散，慎如深渊临，假借无穷意，精满浑元身，虚无求实切，不失中和均。

初习浑元桩，首先应将整体间架安排正确，在虚灵挺拔的原则下进行由局部到整体的放松训练，尤其是双肩和胸部的放松更需时时注意。其要求是：头直目正，气静息平，身端体正，松肩横肘，腋下全虚，屈肘环抱，胸腹放松，腰背正直，膈肌放松，胸虚背圆，双膝顶出，臀部如坐高椅，足趾抓地，足心涵空。整体要求是：松静自然，虚灵挺拔，曲折玲珑，浑元一体。

浑元桩动作简单易练——"养生桩，极容易，深追究，头万绪"，站好姿势不动，一不调息，二不意守，三不周天循环。即不调整呼吸，不留意丹田，不搞大小周天。此练习可增强体质，

简单易行，人人都可学会，效果良好。站桩时间不做硬性规定，可随身体状况灵活安排。站桩疲乏难耐时，功感大失，说明体内消耗大于补充，应改为坐、卧式，疲劳消失后再站。总之，要灵活、渐进地延长练功时间，不要超出身体的负担。

站桩不要追求功感，要意念淡守，既不要忘记，也不要强想，"勿忘勿助"。体内起变化时自然会出现功感。

1. 姿势要领

（1）头领正直，两眼微闭或者全闭，下颌内收，颈不离衣领。

（2）自然呼吸。

（3）两手胸前环抱，五指稍张开，五指尖内扣如握篮球，两手之间相距20～30厘米，两手距胸前20～30厘米，掌心向内朝胸前。

（4）两臂抬起时，肘部高不过肩，降低时腋下要能有容纳一个拳头的空间。手掌高不过眉毛，低不过肚脐。

（5）胸背直而不挺，自然站立。

（6）小腹放松，不挺肚子，腰部微微后靠，臀部有微下坐之意。

（7）两腿自然分开而立，两膝微向前弯曲，膝关节向前不应超过脚尖。

（8）两脚平行站立，与肩同宽，脚尖既不内扣又不外摆，重心在双脚掌中心稍微偏前一点点。

（9）全身放松，独立守神，抱圆守一。

2. 起式

身体正立，两脚分开与肩同宽，脚尖向前；双手自然下垂，双眼目视前方。

起式的目的，一是凝神，做好练功的思想准备；二是体会气血运行，从而进入站桩状态。

3. 站桩

双手缓缓上提到胸前，双手外拉而抱圆，两腿自然平行站立，既不外开，也不内扣，基本接近自然。

姿势要点如下：

站桩时头要正，下颌微内收，脊柱要正直，这是气机发动的关键，必须做到，这是躯干的要点。

两手指尖相距一拳之远，指尖相对，掌心向内，十指自然分开，手掌距胸20~30厘米。双手放在肚脐以上肩部以下的部位，具体可视个人的情况而定。手略高于肘，肩部要松，这是内力导于梢节的通道做到内圆外撑，站到一定程度，自可体会深切。此外，还要做到肘沉腕挺。

站桩时呼吸自然，练功中要注意全身肌肉放松，心态平和，只有这样才会站得轻松，站得长久。

4. 收式

双手合抱于丹田，男左手在下，女右手在下，静默 2 分钟，默想全身气机如百川归海一样归入丹田，丹田如同无底深渊，收藏无尽气机；然后提肛收腹，双手往下一按，气机收入丹田，就完成了收功。

> **注** 丹田位置在肚脐与命门对应的小腹部内。

5. 练功意念

刚开始练功不必要求意念，功到一定程度自然会有体会。初学桩功全身酸痛、疲劳，容易造成肌肉紧张，姿势变形，所以在练功中时刻注意姿势，要常留意放松全身肌肉。刚开始练功时，可以考虑听听音乐、看看电视，以缓解练功带来的枯燥和烦躁。随着以后练功的深入，可慢慢放弃听音乐、看电视，专心练功。

6. 注意事项

（1）不可以在电风扇下和空调房里练功，易感风寒。

（2）练功后最少半小时内不可以接触水（比如喝水、洗澡等），也不可以大小便。所以最好是在练功前喝水，排大小便。

（3）不可以酒后站桩，不可以房事后站桩。练功的人最好减少或者避免房事，功后想要有房事，间隔的时间越长越好，最好是4小时以后，否则容易短寿。

（4）初习者应避免在刮风、下雨、雷鸣时站桩。

（5）有心脏病的人不可过度练习站桩，可尝试减少每次站桩的时间而增加站桩的次数来过渡，积少成多。

（6）感觉到胸闷、头晕、身体疼痛者，应适度减少站桩时间或停止站桩，并寻找原因。

7. 原理作用

（1）拉伸脊椎，练就龙骨。

从生理解剖图来看，人的脊椎呈"S"形，这是人类长期直立行走而形成的生理弯曲，若想回归祖先的力量、灵敏和速度，就要将之拉伸。站浑元桩时，两髋内收，臀部下坐，下颌微收，同时头顶似一线悬空，就可将脊柱拉伸。此时摸一下腰部脊椎，就会发现生理弯曲不见了。再摸一下颈椎，会有一根大筋挑起，此时的脊椎已成一条直线，我们称之为"龙骨"。

练就"龙骨"，可以增强脊椎的柔韧性，使得上身与下身不会因腰椎的生理缺陷而产生断层，从而使全身之力连为一体，局部发力即可引发全身之力，在武学中称之为"浑身无处不弹簧"。用劲时可连绵不绝，武学中称之为"混元力"。

（2）浑然一体，练就"六面混元力"。

站浑元桩，并非一站到底地站死桩，而应练就一身"六面混元力"。当两臂呈椭圆抱球状时，肘部要有外扩之意，使得双臂之间如同有一气球向外撑的充实感，称之为左右横撑力；背有后靠之意，手臂有前伸之意，形成前后抵力，称之为前后抵靠力；颌微收，头略顶，两髋回收，臀部下坐，形成上下拉伸之势拉直脊椎，称之为上下拉伸力。身体处于这六面之力的作用下，血气运行的速度就会加快，自感浑身上下充实一体，收功后应神清气爽，愉悦之情油然而生。

需注意的是，六面混元之力并非肌肉收缩之力使然，而是全身筋骨拉伸与血气运行结合自然产生之力，练习时全身应保持放松，不可有肌肉紧张感，用意不用力是诀窍。不过这松与不松，初学者最难把握，要勤加练习来体悟。

（3）培元气，通经络，练就意气合一。

气的含义颇广，概括言之，一谓物质，一谓功能。以自然而论，宇宙间的万物生长、发展与变化，都赖于气的运动。以人体而言，气既是生命活动的物质基础，又是脏腑生理活动的功能表现。人体之气可分为"先天之气"与"后天之气"。"先天之气"即元气，它生于先天精，藏于人体命门，是生长发育和各脏腑活动的启动因素。宗气、营气、卫气、脏腑之气统称为"后天之气"。宗气是由自然界的大气和经脾胃消化水谷所得精气结合而成，具有推动心脏行血、肺脏敷布的作用；营气源于水谷精微，行于脉中，具有营养周身、化生血液的作用；卫气源于肾脏，布于体表，具有固阳于内、抵御卫外的作用；脏腑之气，禀赋于先天之气，又赖于后天水谷精微的营养而发挥各脏腑的自身功能。元气充沛，则后天之气得以资助，从而脏腑协调，身心健康。在练习浑元桩时，肾中之精即先天之精受到后天之精的荣养，元精益固，元气自充，从而起到培补元气的作用，这个过程也被称之为"炼精化气"。

经络是人体内经脉和络脉的统称，它遍布人体全身，是人体气血运行的通道。浑元桩的练习可以调和人体经络的气血，起到通经活络的作用。当功夫练到一定程度之后，可以通过"心息相依，以意领气"的锻炼，随心所欲地"意到气到"某个部位或脏腑，从而练就"意气合一"。

（4）拉筋伸骨，增加全身生理活动范围。

在技击中，若要动作到位，劲道顺畅，须有良好的身体柔韧性作基础，这样在做技术动作和发劲时才不会感到肌肉和韧带的阻碍。浑元桩独特的姿势使全身的肌筋都因骨骼的伸展而被拉伸，无形中锻炼了全身的柔韧性，增加了肌肉、韧带和关节的生理活动范围。在搏斗中，常能在普通人的生理活动极限中发出力道反击对手。

（5）上虚下实，稳固下盘。

浑元桩要求练习者上虚下实，即上元（肚脐以上）轻虚，下元充实。练功时姿势的重心要放在脐下，此时身体才能稳如泰山，舒适自然。气息要求气沉丹田，从而使下元真气得到充实。待日久功深，下盘会随元气充足而逐渐稳固，最终产生落地生根的功效。

二、三体式

三体式站桩是形意拳最重要的基本功，但也同样适用于太极拳基本功训练。尽管太极拳招式变化万端，但原理和要领与三体式是一致的，所以有"万法出于三体式"之说。

三体式通俗的讲就是人体上、中、下三盘达到三盘合一，也就是所谓的整劲！开中有合，合中有开，阴阳相争，阴阳相生。外形由母腹中的胎形（先天）向出生后的立形（后天）交合而成。

两手相抱，头往上顶，开步先进左腿。两手徐徐分开，左手往前推，右手往后拉，两手如同撕棉之意。左手直出，高不过口，伸到极处为度。大指要与心口平，胳膊似直非直，似曲非曲，惟手腕至肘，总要四平为度。右手拉到小腹肚脐下，大指根里陷坑，

紧靠小腹。左足与左手要齐起齐落，后足仍不动。左、右手五指俱张开，不可并拢，左手大拇指要横平，食指往前伸，左、右手的拇指、食指虎口皆半圆形。两眼看左手食指梢。两肩根松开均齐抽劲，两胯里根亦均齐抽劲，是肩与胯合也。两肘往下垂劲，不可显露，后肘里曲，不可有死弯，要圆满如半月形。两膝往里扣劲，不可显露，是肘与膝合也。两足后跟均向外扭劲，不可显露，并与两手之互拉相应，是手与足合。此之谓外三合。肩催肘，肘催手，腰催胯，胯催膝，膝催足。身子仍直立，不可左右歪斜。心气稳定，则心与意合。意要专凝，则意与气合。气要随身体之形式自然流行，不可有心御气，则气与力合。如此，则阴阳相合，上下相连，内外如一，此谓六合。实则内外相合。亦即阴阳相合，三体之内劲因此而生。

1. 讲解

（1）身体直立，两臂自然下垂，头要端正；两脚脚跟并拢，脚尖外展呈90°；眼向前平看。

【要点】精神集中，头颈自然竖直，面部要自然，口要闭合，舌尖抵住上腭；不要挺胸或弓背，全身任何部位都不可紧张。

（2）右脚不动，左脚以脚跟为轴向右扭转45°，同时身体半面向右转；两臂仍垂在身体两侧，眼仍看原来的方向。

【要点】左脚向右转动时要和身体的转动一致，避免身体左右摇摆或肩部歪斜。

桩功｜第五章

（3）两腿慢慢向下弯曲，身体呈半蹲姿势，体重偏于右腿，随即左前臂经体前向上提起，左手停于胸前(偏左)，手心向下，手指向前，右前臂也随之向上提起，右手盖在左手背上（右手食指对准左手中指），两肘微屈；眼仍平视前方。

> 【要点】身体不可俯仰，两肩向下松垂，两肘紧贴在两肋外侧。头要向上顶劲，胯部要缩，膝部要屈，腰部要塌，身体要稳定。

（4）身体方向不变，左脚前进一步，两脚脚跟前后相对，相距约两脚长，两腿屈膝，重心偏于右腿；同时左掌前伸，肘部微屈，掌心向前下方，五指分开，掌心内含，高与胸齐；右手后撤落于腹前，拇指根节紧贴肚脐，手腕向下塌，眼看左掌食指。

2. 要点

（1）上体要正直，不俯不仰，侧向前方，与目视方向呈斜45°。头向上顶，颈要竖直，面部要自然，牙齿轻扣，下颏略向内收。

（2）两肩向下松垂，肩窝处略向后缩，左臂(前手)肘部下垂，不可伸直，左手食指要向上挑劲，拇指尽力向外撑开，虎口呈半圆形，掌心内含，右臂放在腹部右侧，右手五指也要撑开，腕部要塌住。

（3）胸部略向内含，不要紧张用力，两肋肌肉舒展(束肋)，心胸平静空虚，腹部自然充实(沉气)，但不要故意鼓腹，背部肌肉尽力向两侧伸展(拔背)，腰要塌住；臀部不可向外突出，肛门部位的括约肌注意向里收缩(谷道内提)。

（4）两胯略向后收缩(缩胯)，两膝微向里扣，前膝屈弓不要超过踝关节；臀部与后脚跟上下相对；两脚脚趾扣地，重心偏重右腿；前腿既虚且实，承担少量体重。

（5）呼吸要自然，精神要集中，身体力求稳固。

以上各部的要点，练习时务要安排好，不可忽略某一部分。这个姿势对培养练习者的内在力量、调节呼吸很有帮助。更重要的是：它集中地体现了三体式的基本要求和特点，初学者可以从这里体会到锻炼的要点，打好基本功，给以后的练习铺平道路。有一定基础的人也要经常做这种"桩步"的练习，以便进一步掌握拳法要领，巩固桩步根基。

3. 基本要领

（1）一曰：三顶。

三顶者何？头向上顶，有冲天之雄，头为周身之主，上顶则后三关易通，臀气因之上达泥丸以养性；手掌外顶，有推山之功，则气贯周身，力达四肢；舌上顶，有吼狮吞象之容，能导上升之肾气，下行归丹田以固命是谓之三顶。

（2）二曰：三扣。

三扣者何？两肩要扣，则前胸空阔，气力到肘；手背足要扣，则气力到手，桩步力厚；牙齿要扣，则筋骨紧缩，是谓之三扣。

（3）三曰：三圆。

三圆者何？背骨要圆，其力催身，则尾闾中正，正神贯顶；前胸要圆，两肘力全，心窝微收，呼吸通顺；虎口要圆，勇猛外宣，则手有裹抱力，是谓之三圆。

（4）四曰：三敏。

三敏者何？心要敏，如怒狸攫鼠，则能随机应变；眼要敏，如饥鹰之捉兔，能预视察机宜；手要敏，如捕羊之饿虎，能先发制人，是谓之三敏。

（5）五曰：三抱。

三抱者何？丹田要抱，气不外散，击敌必准；心气要抱，遇敌有主，临变不变；两肱要抱，出入不乱，遇敌无险，是谓之三抱。

（6）六曰：三垂。

三垂者何？气垂，则气降丹田，身稳如山；两肩下垂，则臂长而活，肩催肘前；两肘下垂，则两肱自圆，能固两肋，是谓之三垂。

（7）七曰：三曲。

三曲者何？两肱宜曲，弓如半月，则力富；两膝宜曲，弯如半月，则力厚；手腕宜曲，曲如半月，则力凑。皆取其伸缩自如，用劲不断之意，是谓之三曲。

（8）八曰：三挺。

三挺者何？颈项挺，则头部正直，精气贯顶；脊骨腰挺，则力达四稍，气贯全身；膝盖挺，则气恬神怡，如树生根，是谓之三挺。

4. 其他练法

三体式除上面介绍的侧身单重练法外，还有侧身双重（体重平均落于两腿）练法、正身单重（上体和两脚皆直向前方）练法等不同形式。各种练法尽管形式有别，但对身体各部的要求是一致的。

三体式的具体练法除上面介绍的几种外，各地流行的还有以下练法。

（1）身体正面直立，随之屈膝半蹲，钻出右拳（左拳抱于腰间）；再迈出左步，劈出左掌呈三体式。

（2）身体正面直立，两掌从身体两侧托起，复握拳按落于腹前，同时屈膝半蹲，随之钻出右拳，再迈出左步，劈出左掌呈三体式。

5. 用途

（1）健身、练功、打法，锻炼精神、意志，研究人体结构。

（2）增劲，通丹道之钥。

6. 益处

（1）明白和练通基本功：如放松、立身中正、微收下颌（虚领顶劲）、舌抵上腭、两目平视、含胸拔背、松肩沉肘、两肘贴肋、气沉丹田、掩裆合胯、前三后七步……

（2）意念专注，排除杂念。

（3）调整呼吸。

（4）培养每天练拳的意志，养成习惯。

7. 注意事项

入门首须站桩，或为浑元桩，或为三体式不拘。三体式是基本之基本，三体

式练得好，人就等同一座会走的山，推之不动，浑元一体。初习三体式亦以双重为宜，盖单重较为吃力。初学习之易憋气。一憋气，则气血必有失松和。真正练明劲之法，先站三体式片刻乃至半个时辰，自感神气圆满，劲力通达，然后开架练拳。练时松中出力，自然舒和，以不憋气、不使用拙力为要。初习者更不能求快，应一式一式地练，力求步稳身正，周身不失松和均匀，呼吸不失自然，胸腔不能紧张，发力要求松紧得当。练后散步拍打以消火气。桩功站得好，不仅拳术基础扎实，而且一站气沛周身，掌指、劳宫穴的热流、气感，虽处于静态，却有抻筋拨骨、调整五内、惊起四梢之效。站桩要松、静、自然，四肢百骸要放松，内心要安静，尽量去除杂念，不要刻意追求，也不要稍有感觉就觉得得气、得内劲了，实际上什么也没有，可能过两天，这些感觉就消失了。养气、练功并不是在短时间内就能成的，臻极境者，一由虚心，一由恒性。要避免三害，即挺胸、努气、拙力。内气不是有形有象的，看不见摸不着，初学者往往努气拙力，而自以为是，越是这样，反而背道而驰，越走越远了。所以要保持自然，以舒适为度。开始会觉得很累，坚持就能体会到站桩就是养气。

桩功最根本的作用是强体增力。站桩时，目光要长远，眼神放出去。打拳时，目光盯着指尖或拳根，随着拳势而盼顾，但余光仍要照着远方，这都是将意发之于外的训练法。三体式是最重要的技击桩，不要一开始就按八字诀、九歌以及脉络、气路等要求，样样都求，什么也做不好。上肢关键在于拔背，裹、坠肘、伸、顶手；下肢及腰关键在于夹剪步和三七劲上；加上周身横竖，背顺劲拧成一体。经过手抖、腿颤、气浮的肌肉酸痛关，就会进入心静、意气贯四梢的境界，再求外形、内意的规范。随着桩功的深入，要在桩中找劲。练出整劲，一个上步，脊柱带动，就不仅仅是撞劲了。要内练，须从桩功入手深入；想把握三体式精华，得在桩功上下苦功夫，从而达到内外舒适，神清气爽。

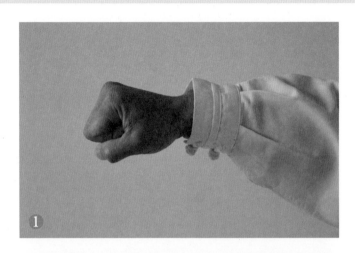

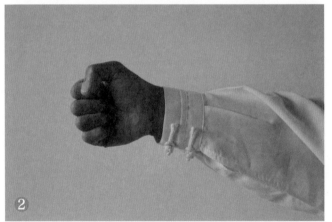

第六章 基本手法

四指依次
弯曲于掌心,
拇指扣于食指
第二关节。

五指自然
分开，虎口撑
圆，掌心内含。

3

4

5

勾手：五
指依次捏拢，
大拇指在内
侧，自然下垂。

第二篇

吴式十三式、
太极刀、太极推手

第七章　吴式十三式

　　吴式十三式是在传统吴式太极拳 108 式基础上提炼而成，招式动作既简单易学，又能达到健身的效果，便于初学者习练。

1 第一式 太极起势

❶ 面向正南，上身自然放松，
平心静气，双脚开立与肩同
宽，两腿直立，头顶百会穴，
徐徐领起，呼吸自然，气沉
丹田，目视前方。

❷ 重心右移，轻轻提起左脚，
向左开步，前脚掌着地，向
右微微转腰，左脚摆正，重
心左移，左脚踏实，身体的
重心在两腿中间，目视前方。

❸ 两腿不动，两手向前向上慢慢提起，腕关节高与肩平，肘关节下垂，肩关节放松。

❹ 双手食指上挑，双掌徐徐下按，两腿同时微微下蹲。

⑤ 双掌下落至两胯旁,头上顶,
内气下沉,上身放松,两膝
微微外撑。

⑥ 重心右移,双掌由两侧向斜
上方合抱,同时提起左脚,
迈步到正前方,眼看正前方。

⑦ 重心前移,右掌搭于左小臂
内侧脉门,弓步前挤,眼看
正前方。

2 第二式 揽雀尾

❶ 身体右转，左脚内扣，右脚迈出，脚尖翘起呈左虚步，双掌合抱于胸前，右掌在前，右掌指尖与鼻尖同高，左掌在后，左掌指尖贴于右腕，双肘下垂，两臂呈半圆形，身体重心坐于左腿，眼看正前方。

❷ 重心前移，左掌和右臂同时前挤，形成右弓步，眼看正前方。

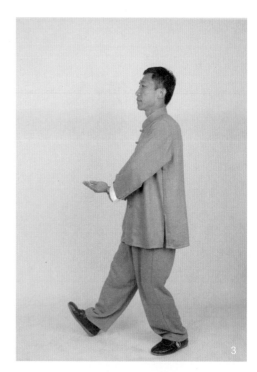

❸ 翻右掌,左掌贴于右掌脉门,
　向右转腰,下采,右脚尖翘起,
　重心坐于左腿,眼看右手。

❹ 向左转腰,双掌由右向左转
　腰,斜上方穿出。

❺ 身体向左转，右腿屈膝呈右
　弓步，由西南方向正西转体，
　同时两手由西南向正西伸出，
　右掌高与肩平，两臂呈半圆
　形，肘尖下垂，眼看右掌。

❻ 右掌向右划平圆，左掌搭于
　右掌脉门，重心回坐于左腿，
　右脚尖翘起，屈肘收于耳门，
　右脚内扣，重心右移，右掌
　打出，掌心向外，左掌搭于
　右掌脉门，掌心向上。

3 第三式　单鞭

❶ 右掌抓勾，左掌变立掌，左
　脚向东北方迈出，脚掌着地。

❷ 眼看左掌，向左转腰，重心
　移至两腿中间时，左掌翻腕
　打出，变立掌，左掌食指尖
　与鼻尖齐平，眼看左前方。

4 第四式 提手上势

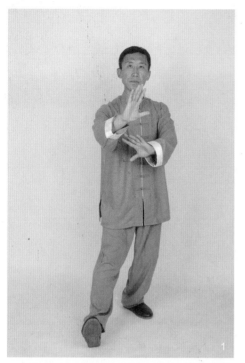

❶ 重心左移，右掌勾手打开变掌，双掌合抱于胸前，右手指尖与鼻尖平齐，左手指尖搭于右手脉门，右脚向侧前方迈出，脚跟着地，脚尖翘起呈左虚步，眼看正前方。

❷ 重心前移，双掌向前挤出，形成右弓步，百会穴与足跟呈一条斜线，眼看前方。

❸重心前移，右掌翻腕下採，
　掌心朝上，左掌掌心朝下，
　按于右掌脉门，同时左脚上
　步，与肩同宽，双脚平行，
　身体呈半蹲状，眼看右掌。

❹身体上起，右掌抓勾，提至
　头上方，左掌下按，身体直
　立，眼看正前方。

5 第五式 白鹤亮翅

❶ 右手勾手打开变掌，掌心朝斜上方，左掌于腹前下按，双掌形成对拉之势，身体直立，眼看前方。

❷ 重心下沉，屈膝下蹲，身体呈屈蹲之势，眼看前方。

❸ 屈膝向左转腰，左掌外翻，
眼看左掌，身体慢慢挺起。

❹ 身体直立，双脚与肩同宽，
双手位于头前呈圆形，掌心
向外，立身中正，眼看前方。

6 第六式　左右搂膝拗步

❶ 双掌交叉下落到胸前，右掌回拉抓勾到耳门，左掌下搂到左膝外侧，重心在右腿，左脚脚尖着地呈虚步，眼看左掌。

❷ 左脚开步迈出脚跟着地，右手勾手展开向右前方推出，同时左脚重心前移、踏实，呈左弓步，左掌在左膝外侧，右指与鼻尖平行，眼看正前方。

❸ 左腿重心前移，右掌下採，
　左掌回抓成勾于左太阳穴
　旁，右腿提至左腿内侧，眼
　看前方。

❹ 右脚向前迈出，脚跟着地，
　左勾手打开变掌向前推出，
　呈右弓步，右掌在右腿外侧，
　左掌指尖与鼻尖平行，眼看
　前方。

❺ 左掌下採，右掌上提变勾，
  拉回至右太阳穴旁，左脚收
  至右脚内侧，左掌在左膝旁，
  眼看前方。

❻ 同前。

7 第七式 手挥琵琶

❶ 重心回移，坐于右腿，左腿
回收，脚尖朝上，呈右虚步，
右掌向右平抹，左掌由左向
右划弧，双掌合抱，左掌指
尖与鼻尖相齐，右掌在左掌
内侧，眼看前方。

❷ 两掌向右下方下採，至右胯
旁，向左转腰，左掌翻掌，
重心左移，左脚随之踏实，
眼看左掌，右掌搭于左小臂
内侧，眼看左掌。

❸ 重心前移，右脚上步于左脚
后，左掌向左上方伸出，右
掌回于右腰间，眼看左上方。

8 第八式 上步搬拦捶

❶ 重心移于右脚向右转腰，左脚向前方迈出，脚跟着地，脚尖翘起，左掌翻掌下落至右腰间，右掌握拳移至右外方，左掌搭于右小臂前，眼看右拳。

❷ 重心前移，左脚随之踏实，呈左弓步，同时右拳从右外侧呈弧形向正东方打出，左掌贴于右小臂内侧，眼看正前方。

❸ 重心回坐于右腿，左脚跟着
地，脚尖翘起，呈右虚步，
右拳翻拳回抽至右腰间，左
掌向前打出，左掌指尖与鼻
尖相平，眼看前方。

❹ 重心前移，左脚踏实，右腿
蹬直，成左弓步，同时右拳
从腰间向正前方打出，左掌
回抽于右肘关节，眼看前方。

⑤ 上身不动，左掌从右臂下掏
出，掌心朝外。

⑥ 上身不动，左掌沿右臂外侧向
前划出至右拳背，眼看前方。

⑦ 右拳打开变掌，双手交叉，
翻掌向上，双掌分开与肩同
宽，掌心向上，重心回坐至
右腿，左脚跟着地，脚尖翘
起，呈右虚步，同时双掌随
着重心的移动向回收至头部
两侧，眼看前方。

9 第九式　如封似闭

重心前移，左脚踏实，右腿蹬直，呈左弓步，同时双掌内旋掌心向前，弓步推出，眼看前方。

10 第十式　倒撵猴

❶重心回坐于右腿，左脚跟着地，脚尖翘起，同时右掌向左翻掌下按，左掌变勾，提至左太阳穴旁，眼看前方。

❷左脚提起，回撤、踏实，同时左勾手打开向前推出，右掌回落至右膝旁，眼看前方。

❸ 重心回坐至左腿，右脚尖翘起，呈左虚步，左掌下按，右掌抓勾至右太阳穴旁，眼看前方。

❹ 右脚提起，回撤、踏实，同时右勾手打开向前推出，左掌回落至左膝旁，眼看前方。

11 第十一式 斜飞式

❶ 重心回坐至右脚，左脚跟着
地，脚跟翘起，向右转腰，
左脚内扣，右掌向右平抹，
左掌随之，重心移至左腿，
右脚内收于左脚内侧，左掌
在面部右侧，右掌在左腹部，
呈合抱之势，眼看前方，面
向正西。

❷ 右脚开步，脚跟着地，重心
前移，左腿蹬直，呈右弓步，
双掌随之在胸前向两侧分
出，右掌在右上方，左掌在
左胯部，眼看左掌方向。

❸ 重心前移，向右转腰，左脚收至右脚内侧，右掌回至面部左侧，左掌位于右腹部，形成合抱之势，眼看前方。

❹ 开左脚，脚跟着地，脚尖翘起，重心前移，右腿蹬直，呈左弓步，同时两掌在胸前分开，左掌在左上方，右掌在右胯旁，眼看右掌方向。

❺ 重心移至左腿，左脚收至右脚内侧，双掌合抱，眼看前方。

12 第十二式 单鞭

❶ 开右脚，脚跟着地，脚尖翘起，重心前移，同时右脚踏实，左腿蹬直，左掌从左下方向前挤出，左掌搭于右臂脉门，眼看前方。

❷ 右掌翻掌向上，向右划平圆，屈肘于右耳门，重心坐于左腿，右掌向前翻掌推出，掌心朝外，左掌搭于右掌脉门，掌心向上，同时重心移于右脚，眼看右掌。

❸ 右掌翻掌抓勾，左掌立掌，
  同时左脚斜后方迈出，眼看
  前方。

❹ 眼看左掌，向左转腰，重心
  移至两腿中间时，左掌翻腕
  打出，变立掌，左掌食指尖
  与鼻尖齐平，眼看左前方。

13 第十三式 太极收势

❶ 重心右移，右手勾手变掌，掌心向下，呈右弓步，左掌向左后方拉开，掌心向下，双手呈对拉之势，眼看右前方。

❷ 左脚上步与右脚呈平行步，身体重心移于两腿之间，双掌从两侧成弧形收至胸前，两腿微屈，眼看前方。

❸ 身体慢慢直立，同时双掌徐
  徐下落，分至两腿外侧，眼
  看前方。

❹ 重心右移，左脚轻轻提起，
  收至右脚内侧、踏实，眼看
  前方。

第八章 吴式六式太极刀

吴式六式太极刀是笔者根据多年经验，结合初学者的特点，在保留吴式太极十三刀的劈、砍、剁、截、挑、扎、托、带、拦等基本动作的基础上，编制的适合初学者习练的精简器械套路，动作连贯、简单易学。

1 第一式 七星跨虎交刀势

❶ 预备式：并步直立，虚领顶
劲，平心静气，气沉丹田，
双眼平视，右手五指自然分
开，贴于右胯外侧，左手持
刀，刀背贴于臂上，刀刃朝
外，刀尖朝上，垂于左胯旁。

❷ 重心右移，轻轻提起左脚，
向左侧开步，左脚掌着地。

❸ 左脚踏实，重心压于两腿
之间。

❹ 重心下沉，身体微微屈蹲，
身体右转，重心右移，同时
左手持刀，以腰带手转向右
侧，右手附于刀柄前端，目
视前方。

❺ 重心移于右腿，左脚上步，
　脚跟着地，脚尖翘起，左手
　持刀，右掌附于刀柄前端，
　眼看正前方。

❻ 重心前移，左脚踏实，右腿
　蹬直，用刀柄向前击出。

❼ 左脚内扣，向右转腰，眼看
　前方。

❽ 右脚向前方迈步，脚跟着地，
　脚尖翘起。

❾ 右掌从刀柄上方向前伸出。

❿ 重心后移，坐至左腿，右脚
　　跟着地，脚尖翘起，同时右
　　掌向右下方捋至右胯旁，左
　　手持刀，刀柄附于右掌腕部。

⓫ 右掌翻掌向上，从腹前向左
上方穿出，眼看右掌。

⓬ 重心前移，右脚踏实，左腿
蹬直，同时右掌从左向右穿
出，眼看正前方。

⑬ 重心回坐于左腿，右脚翘起，
脚跟着地，同时右掌向右划
平圆，屈肘于耳门，左手持
刀，刀柄附于右腕下方，眼
看右掌。

⑭ 重心前移，右脚内扣，右掌
从耳门向前打出，左手持刀，
刀柄在右腕下，眼看右掌。

⑮ 向左转腰，身体下蹲呈左虚
步，左脚脚尖点地，右掌收
至耳门，左手持刀向左膝外
侧拨出，眼看刀柄。

⑯ 左脚向斜前方迈出，脚跟着
地，脚尖翘起，眼看正前方。

⑰ 重心前移，左脚踏实，右腿
蹬直，呈左弓步，同时右掌
从耳门向前推出，左手持刀，
立于左胯旁，眼看正前方。

⑱ 重心回坐于右腿，左脚翘起，
脚尖朝上，同时右掌向右侧
平抹，掌心朝下，眼看右掌，
左手持刀，提起与肩平。

⑲ 重心前移，左脚踏实，同时
右脚上步于左脚前，脚掌着
地，右掌从右下方向正前方
提起，右掌变拳，搭与左手
刀柄下，眼看前方。

⑳ 右脚撤步，向右转腰，右腿
呈坐步，右拳变掌下落，左
手持刀向右平抹，高与肩平，
眼看斜后方。

㉑ 左脚内收于右脚内侧，脚尖
点地，呈右虚步，左手持刀
下落于左胸前，右掌从下向
上翻掌上提于头部右上侧，
掌心朝斜上方，眼看左前方。

2 第二式　闪展腾挪意气扬

❶ 左脚开步，脚跟着地，同时
左手持刀提起高与肩平，右
手附于刀柄，眼看刀柄方向。

❷ 向左转腰，左脚踏实，右腿
蹬直，左手持刀从右向正前
方拨出，右掌附于刀柄，眼
看正前方。

❸ 重心前移，右膝提起，右手
接刀，左掌附于刀背，在胸
前分开，眼看前方。

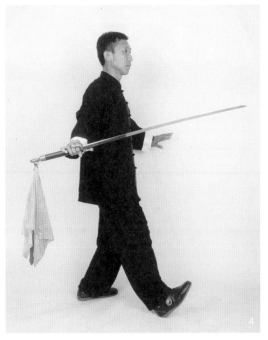

❹ 右脚向右前方迈步，脚跟着
地，脚尖翘起，右手持刀，
左掌向后微撑，眼看前方。

⑤ 重心前移，左腿蹬直，呈右
弓步，右手握刀，向正前方
刺出，与鼻尖相平行，眼看
正前方。

⑥ 重心前移，左脚收至右脚内侧，
右手持刀，翻转向上，左手从
刀下向前抒出，眼看左手。

⑦ 右手持刀，沿脑后从左向右
划出，眼看前方。

⑧ 重心前移，右腿蹬直，呈左
弓步，右手持刀沿后背从左
向右平削至正前方，刀刃向
左，刀背向右，同时左手从
正前方向正后方捋至左胯
后，呈勾手，眼看前方。

3 第三式 左顾右盼两分张

❶重心前移，右脚收至左脚内侧，右手持刀，刀刃向上，从上向左上方划出，左手附于刀背后端。

❷右手持刀，向左下方压刀，左手附于刀背中端，身体屈蹲，右脚呈虚步。

❸ 上身微微挺起，开右脚向正前方踏实，呈右弓步，同时右手提刀，从左下侧向右前方推出。

❹ 身体微微上起，右手提刀，左手附于刀背，眼看右下方。

❺身体微微上起，右手持刀，
　左手附于刀背中部，由上至
　下扎出。

❻重心左移，右脚收于左脚后
　侧，右手持刀，左手附于刀
　背，身体左转。

❼ 身体微微上起，右手提刀，
　左手附于刀背，眼看右下方。

❽ 身体微微上起，右手持刀，
　左手附于刀背中部，由上至
　下扎出。

⑨ 右脚后撤，重心移于右腿，
左脚收于右脚前方，脚尖着
地，眼看刀尖。

⑩ 身体微微上起，右手持刀，
左手附于刀背中部，由上至
下扎出。

⓫ 身体微微上起，右手持刀，左手附于刀背中部，由上至下扎出。

⓬ 左膝上提于腹前，身体微微上起，右手持刀，左手推刀中部，收于体前，眼看斜下方。

⑬ 左脚向前方开步，逐步踏实，呈左弓步，同时右手持刀，左手附于刀背中部，向斜前方推出。

⑭ 身体重心回坐，向右转腰，左脚内扣，右手持刀，左手附于右小臂内侧，眼看前方。

⑮ 身体重心回于左腿，提起右腿，眼看前方。

⑯ 右脚向前方开步，重心前移、踏实，呈右弓步，同时右手持刀，左手附于刀背，向右前方劈刀，左掌沿刀背向前推出，眼看前方。

4 第四式　三星开合自主张

❶ 重心回坐，左脚向左摆出，腰向左转，同时左掌向左平捋，右手持刀向右转，刀刃向斜上方，刀与肩平。

❷ 右膝提至腹前，脚面绷直，呈左独立步，右手握刀，刀刃向上，刀背向下，左掌附于刀柄末端。

❸ 右手持刀向右前方发力刺出，同时左掌向左后方推出，眼看前方。

5 第五式　顺水推舟鞭作篙

❶ 右脚开步，脚跟着地，脚尖翘起，同时右手持刀，从右前方向左后方劈出，左掌附于刀背。

❷ 重心右移，提起左膝，右手持刀，左掌附于刀背，向右前方拦出，眼看前方。

❸ 左脚向前方迈出，同时右脚
根部于左脚后呈右虚步，右
脚脚掌着地，同时右手持刀，
左掌附于刀背，向前方推出，
眼看前方。

❹ 右脚踏实，重心移至右腿，
左脚内扣，右手持刀，左掌
附于刀背，由左向右平抹。

6 第六式 卞和携石凤还巢

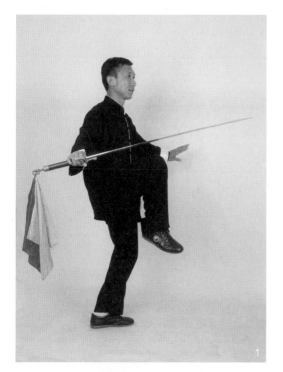

❶ 重心移至左腿，右膝上提，右手持刀由左向右平抹至右胯旁，左掌随之在左胯旁，眼看前方。

❷ 重心前移，左腿蹬直，呈右弓步，右手握刀，向正前方刺出，与鼻尖相平行，眼看正前方。

❸ 重心回移至左腿，右脚掌着地，呈右虚步，右手持刀，从右向左肩部后方扎出，左掌附于刀柄，眼看左后方。

❹ 右脚后撤踏实，向右转腰，同时左手接刀，向右侧转腰横带，右掌从左上侧向右下侧平抹至右胯旁，眼看刀柄。

❺ 左脚收于右脚内侧呈虚步，
左手持刀回于左胸前，右掌
由下向上翻至头上方，掌心
斜向上。

❻ 身体微微上起，左脚踏实，
身体直立，左手持刀回于左
胯旁，右掌徐徐下落于右胯
旁，掌心向内，眼看正前方。

一、太极单推手定步平圆练习

❶ 甲乙右手互搭，左手在左胯
旁，呈右虚步站立，甲乙右
脚内侧靠拢，目视对方。

❷ 乙重心移至右腿，用右掌向甲
胸部推出，甲坐步向右转腰，
用右掌引领乙右掌使乙落空。

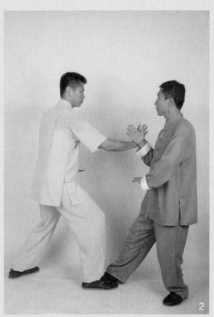

❸ 乙用右掌回领甲右掌，甲用右
掌向前推乙胸部，甲重心移至
右腿，乙坐成左虚步。

❹ 乙向右转腰，重心回坐，使甲
向乙右侧落空。

❺ 甲回坐，引领乙右掌。

❻ 同图❷。

二、太极单推手定步立圆练习

❶ 甲乙右手互搭，左手在左胯旁，
呈右虚步站立，甲乙右脚内侧靠
拢，目视对方。

❷ 乙重心前移，右掌向甲面门
推出。

❸ 甲重心回坐于左腿呈右虚步，向右转腰，翻掌向上引领，使乙落空。

❹ 乙欲回抽右掌，甲下採乙右掌。

❺ 乙重心回坐于左腿呈右虚步，下将甲右掌，甲重心微前移随乙。

一、太极起势

乙用双手抓握甲腕部；甲内气下沉，双手向前掤出；乙跌出。

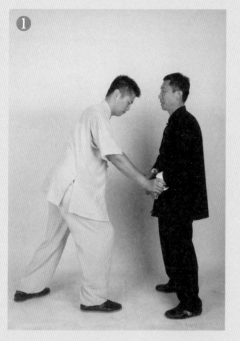

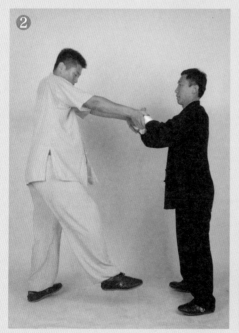

二、揽雀尾

　　乙用手抓握甲腕部，甲用左手扣住乙右手，甲左手翻转下採，向右转腰，乙被擒，向甲右后跌出。

三、单鞭

乙用右拳击甲面部，甲用右手擒乙右腕部，向右将并左脚向前迈步，左掌向前击乙胸部，乙向后跌出。

四、提手上势

乙用右拳击甲面部，甲用右手向上迎住乙右臂腕部，并用左手迅速扣住乙右腕部，向右下翻沉，使乙被擒跪地。

五、白鹤亮翅

乙用右拳击甲，甲以右手擒住乙右拳，并上步将左腿插入乙两腿中间，用左掌横于乙右腰间，向左后迅速转腰，乙后仰翻出。

黄文彬
太极拳精要

六、搂膝拗步

乙用右鞭腿击甲腰部，甲用左掌向左拨出乙右腿，并上左脚，用右掌击乙胸部，乙后仰跌出。

七、手挥琵琶

乙用右拳击甲面部，甲用右掌上迎乙右腕部，并叼擒其右腕部，左掌扣住乙右大臂，并迅速向右下、右后转腰，乙向甲右后跌出。

八、上步搬拦捶

　　乙用右拳击甲面部，甲用左掌从左向右拦乙右拳，并上左步，甲右拳从肋下击乙心窝，乙向后翻出。

九、如封似闭

乙用双手抓甲肩部，甲用双掌从内侧迎入乙双臂，向外化开，并双掌内旋，重心前移，呈左弓步，用双掌击乙胸部，乙向后跌出。

十、倒撵猴

乙用左拳击甲胸部，甲以左掌叼擒乙腕部并向右下引领，甲用右掌击乙面部。

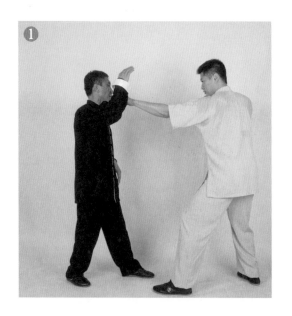

十一、斜飞式

乙用右拳击甲面部，甲用右掌擒于乙右腕部，并上左脚插于乙左脚后部，用左掌从乙右肋下穿出，向左后转腰发力，乙向后跌出。

十二、太极收势

乙用右拳击甲面部，甲以右掌擒乙右腕部并上左步插于乙左腿后侧，甲左掌插于乙右腋下，向左后转腰发力，乙后仰翻出。

跋

《中庸》首章云："天命之谓性，率性之谓道，修道之谓教。道也者，不可须臾离也；可离非道也。"三丰祖师《大道论》言："大道者，统生天、生地、生人、生物而名，含阴阳动静之机，具造化玄微之理，统无极，生太极。无极为无名，无名者，天地之始；太极为有名，有名者，万物之母。"

黄文彬者，字微尘，而今正值天命之年，习拳练武四十余寒暑。自二十世纪八十年代拜于北方一代宗师李经悟弟子左志强门下，其后再拜中国武术协会副主席、武术研究院副院长、专家委员会主任、中国武术九段张山先生门墙深造以来，精研太极拳法，秉承师门训诲，以弘扬师门为己任，苦行深修，以拳悟道，追探万物之本源，求证人生之真谛，虽年过半百，然仍勤若少壮，日课不已，拳不离手，每日晨昏不辍，练功打拳数十趟之多，未曾间断耳！

子曰："质胜文则野，文胜质则史。文质彬彬，然后君子。"太极真人张三丰的《大道论》中语："儒也者，行通济时者也；佛也者，悟道觉世者也；仙也者，藏道度人考也。"此盖其熟读百家经典，方有此高论也！文彬兄深谙此意理，在学习拳经剑诀武术理论之余，遍猎经史、哲典，研习儒释道诸家之文以修其身，故常人只见其身形瘦小、举止文雅、待人谦恭，而丝毫不见其鲁莽之气，更难知其身怀绝技，皆因其读书明理，以文而修身之故！

世人常言"读万卷书，行万里路"，文彬兄为印证数十载之所学，近年来奔走于祖国大江南北，访师会友，于三山五岳、少林武当、峨眉崆峒、苍山洱海、大漠戈壁、雪域草原间，同各省乃至国家级和世界级的同道切磋竞技，获荣誉奖牌甚多，技艺愈发精湛已！

"三千功行，济人利世为先资"。近年，文彬兄于长城脚下古榆关城创立太极拳养生馆，传拳授道之余，更以太极阴阳之理，为同里乡人解除身心病痛之苦，虽无薪酬却乐此不疲，皆因仁义而已矣！仁属木，木中藏火，化育光明之用也，乃曰仁；义属金，金中生水，是裁制流通之用，乃曰义。金木交并，水火交养，高尚其志，亦是其所求也！

娑婆世间，茫茫人海，学无止境，艺无止境！人生百年所留者何，生与灭如觉中之梦，名与利犹过眼云烟，虽与君相识十余载，未敢自认相知也。今兄拳集问世，令余写言，实感惶恐，不敢妄言，恐令诸方家耻笑，有辱兄之名矣。凡事皆有终始，言至此际，亦有所感，拼凑几句，且当打油，莫做诗观：

五十寒暑半百身，平生只求悟道真。

绝学缘由圣人意，阴阳了脱出凡尘！

尘光居士宝庆辛丑岁末于知月斋